Impressum
Verlag: BABADADA GmbH, Nedderfeld 112 , 22529 Hamburg
Geschäftsführer / Verlagsleitung: Harald Hof
Druck: Books on Demand GmbH, In de Tarpen 42, 22848 Norderstedt

Imprint
Publisher: BABADADA GmbH, Nedderfeld 112 , 22529 Hamburg, Germany
Managing Director / Publishing direction: Harald Hof
Print: Books on Demand GmbH, In de Tarpen 42, 22848 Norderstedt

sekolo
school

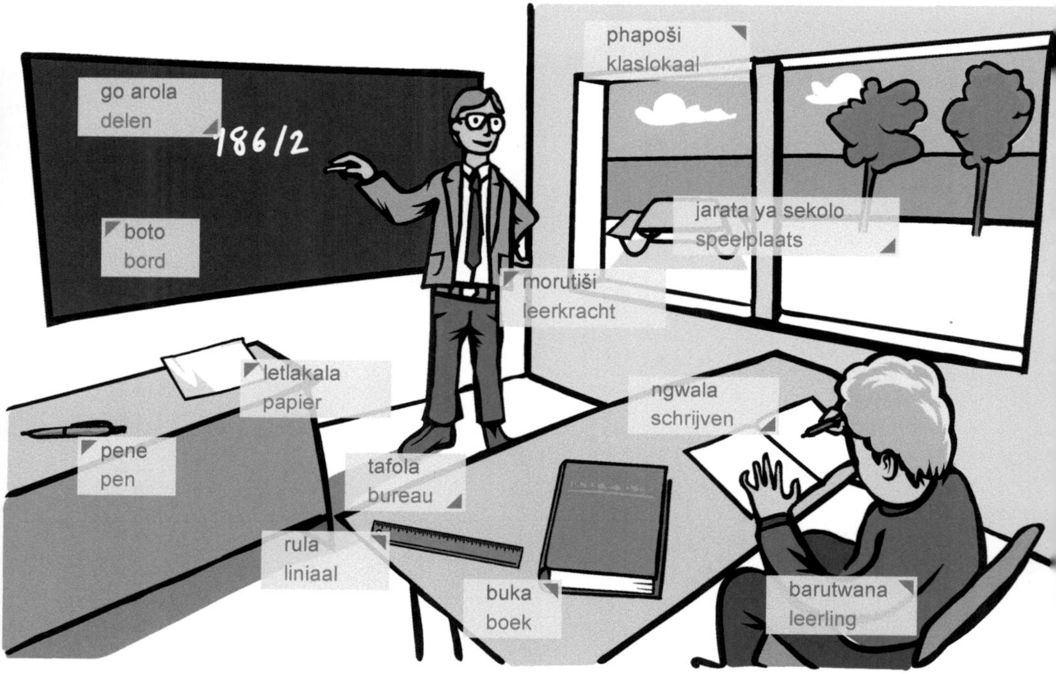

phapoši
klaslokaal
go arola
delen
186/2
boto
bord
jarata ya sekolo
speelplaats
morutiši
leerkracht
letlakala
papier
ngwala
schrijven
pene
pen
tafola
bureau
rula
liniaal
buka
boek
barutwana
leerling

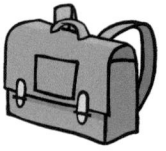

peke

schooltas

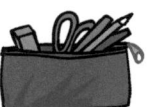

kheise ya phensele

pennenzak

phensele

potlood

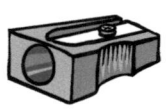

motšhene wa go betla phensele

puntenslijper

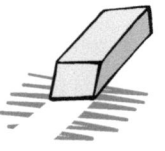

rabhara

gom

phede ya ho thala

tekenblok

go thala

tekening

borashe ya go penta

verfborstel

lepokisi la go penta

verfdoos

sekero

schaar

sekgomaretši

lijm

puku ya go ngwala

werkboek

mošomo wa gae

huiswerk

nomoro

nummer

tlatša

optellen

go ntšha

aftrekken

go atiša

vermenigvuldigen

khalekhuleitha

rekenen

lengwalo

letter

alefapete

alfabet

lentšu

woord

mongolo
tekst

bala
Lezen

tšhoko
krijt

thuto
les

puku ya maina
klassenboek

thuto
examen

setifikeite
certificaat

diaparo tša sekolo
schooluniform

thuto
onderwijs

encyclopedia
encyclopedie

yunibesithi
universiteit

maekrosekoupo
microscoop

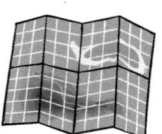

mmapa
kaart

pasekete ya matlakala a
ditšhila
papiermand

eta
reis

hotele
hotel
Grand
hosetele
jeugdherberg
ROOMS
lefelo la go fetola tšhelete
wisselkantoor
EXCHANGE
sutukheise
koffer
koloi
auto

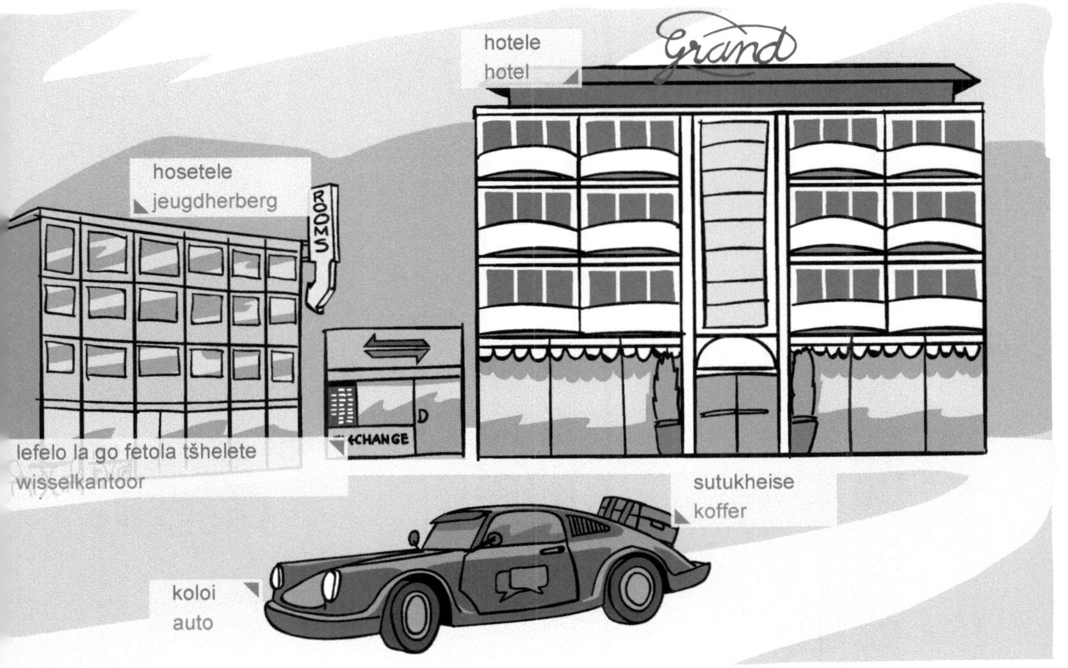

Leleme

Taal

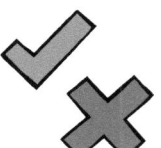

ee / aowa

ja / nee

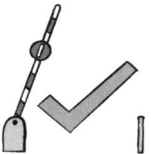

Go lokile

oké

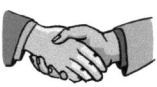

Dumela

hallo

mofetoledi

vertaler

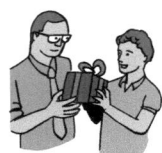

Re a leboga

bedankt

... ke bokae?

Hoeveel kost ...?

ga ke kwešiše

Ik begrijp het niet

bothata

probleem

Thobela!

Goedenavond!

Meso e mebotse!

Goedemorgen!

Robala botse!

Goedenavond!

šala gabotse

Tot ziens

keletšo ya tsela

richting

peke

bagage

peke

zak

mokotla wa dipuku

rugzak

moeng

gast

phapoši

kamer

pekana ya go robala

slaapzak

mokhukhu

tent

boitsebišo bja moeti

toeristeninformatie

lewatleng

strand

karata ya mokitlana

kredietkaart

dijo tša mesong

ontbijt

matena

lunch

dijo tša mantšiboa

avondeten

thikethe

ticket

lifithi

lift

setempe

postzegel

border

grens

setlwaedi

douane

embassy

ambassade

visa

visum

phasepoto

paspoort

senamelwa

transport

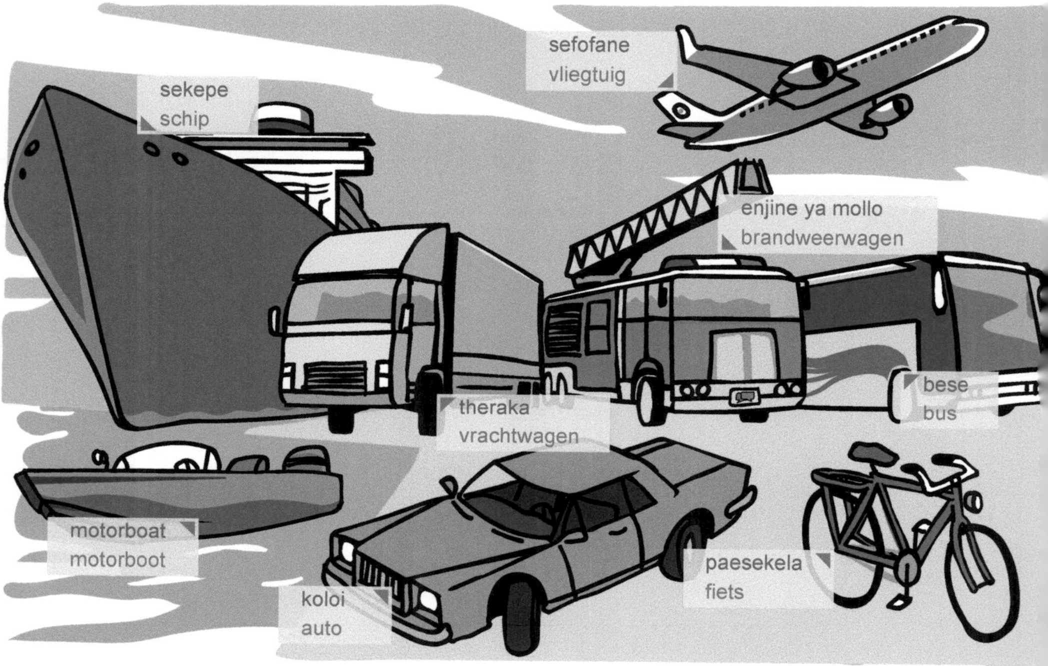

sefofane
vliegtuig
sekepe
schip
enjine ya mollo
brandweerwagen
theraka
vrachtwagen
bese
bus
motorboat
motorboot
paesekela
fiets
koloi
auto

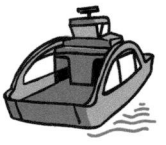

feri

veerboot

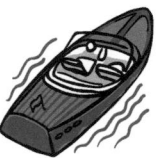

sekepe

boot

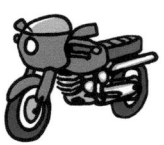

sethuthuthu

motor

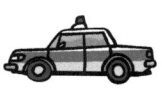

koloi ya maphodisa

politiewagen

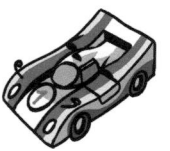

koloi ya go šiašiana

racewagen

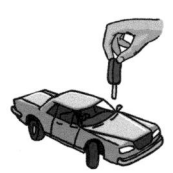

koloi ya go rentišwa

huurauto

go arogana koloi

carpoolen

theraka ya go goga

sleepwagen

theraka ya ditlakala

vuilniswagen

mmotho

motor

makhura

benzine

seteišene sa makhura

benzinestation

leswao la therafiki

verkeersbord

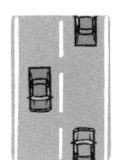

therafiki

verkeer

therafiki

file

lefelo la go phaka dikoloi

parkeerplaats

seteišene sa terene

station

tsela

sporen

terene

trein

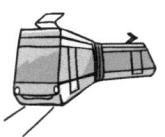

theramo

tram

koloi

wagon

sefofane
helikopter

boemafofane
luchthaven

serokami
toren

monamedi
passagier

seswari
container

lepokisana
karton

khathe
kar

basket
mand

go tloga / go kwatama
opstijgen / landen

toropo
stad

motse
dorp

bogareng bja toropo
stadscentrum

ntlo
huis

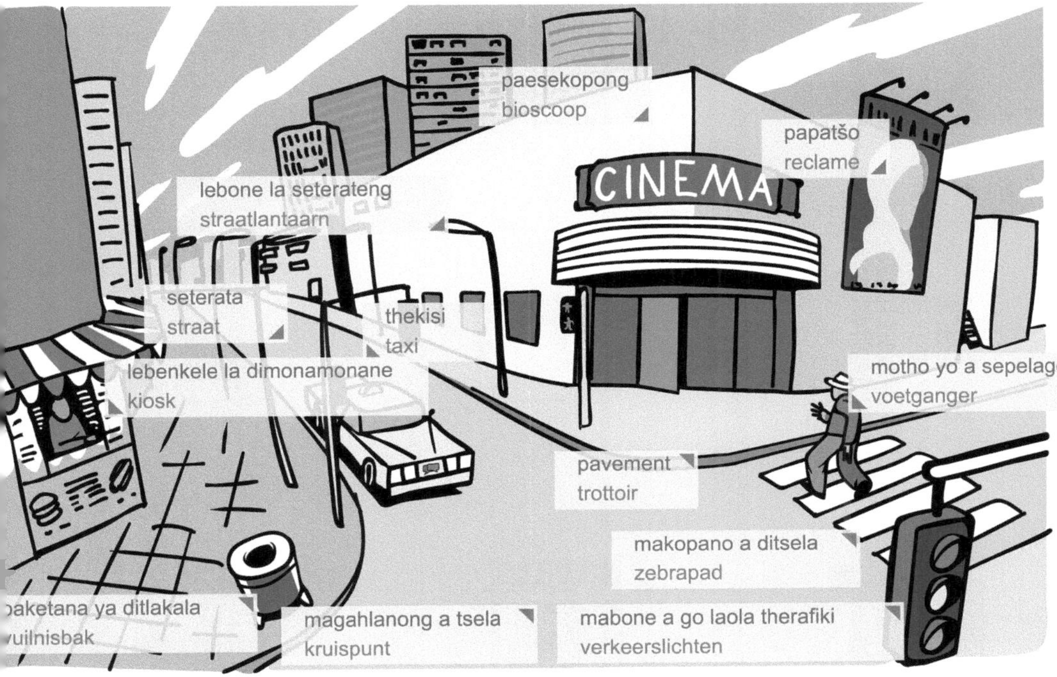

paesekopong
bioscoop

papatšo
reclame

lebone la seterateng
straatlantaarn

seterata
straat

thekisi
taxi

lebenkele la dimonamonane
kiosk

motho yo a sepelago
voetganger

pavement
trottoir

makopano a ditsela
zebrapad

paketana ya ditlakala
vuilnisbak

magahlanong a tsela
kruispunt

mabone a go laola therafiki
verkeerslichten

mokutwana
hut

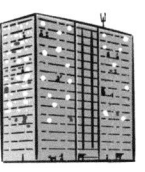

folete
woning

seteišene sa terene
station

holo ya toropong
stadshuis

museamo
museum

sekolo
school

yunibesithi

universiteit

panka

bank

sepetlele

ziekenhuis

hotele

hotel

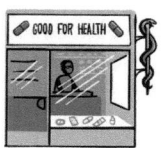

lebenkele la dihlare

apotheek

ofisi

kantoor

lebenkele la dipuku

boekwinkel

lebenkele la dijo

winkel

lebenkele la matšoba

bloemenwinkel

lebenkele la dihlare

supermarkt

mmakete

markt

lebenkele la dilo tše dintši

warenhuis

fishmonger's

vishandelaar

lefelo la mabenkele

winkelcentrum

boemakepe

haven

phaka
park

bench
bank

leporogo
brug

ditepisi
trap

ka tlase
metro

thanele
tunnel

boemela pese
bushalte

bar
bar

lebenkele la dijo
restaurant

lepokisi la poso
brievenbus

leswao la seterata
straatnaambord

mithara wa go phaka koloi
parkeermeter

zuu
zoo

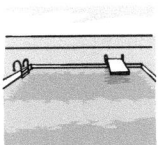

letamo la go rutha
zwembad

lefelo la mamoseleme
moskee

polasa

boerderij

tšhilafalo

milieuverontreiniging

mabitla

kerkhof

kereke

kerk

lefelo la go bapala

speelplaats

tempele

tempel

lefelo la dithaba
landschap

letlakala
blad

leswao la tsela
wegwijzer

tsela
weg

lefelo kgauswi le noka
weide

letlapa
steen

mophara thaba
wandelaar

mohlare
boom

noka
rivier

bjang
gras

letšoba
bloem

tsela
vallei

thaba
heuvel

letangwana la meetsi
meer

sethokgwa
bos

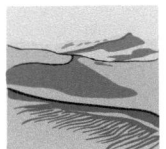

leganata
woestijn

thabamollo
vulkaan

ntlo e kgolo
kasteel

molalatladi
regenboog

mushroom
paddenstoel

palm tree
palmboom

monang
mug

fofa
vlieg

ditšhošwane
mier

nosi
bijl

segokgo
spin

khunkhwane

kever

segwagwa

kikker

squirrel

eekhoorn

noko

egel

mmutla

haas

leribiši

uil

nonyana

vogel

mogolodi

zwaan

kolobe ya naga

wild zwijn

phuthi

hert

phuthi

eland

letamo

dam

wind turbine

windturbine

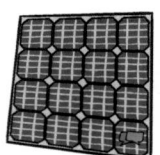

phanele ya solar

zonnepaneel

leratadima

klimaat

lebenkele la dijo
restaurant

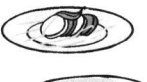

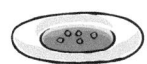

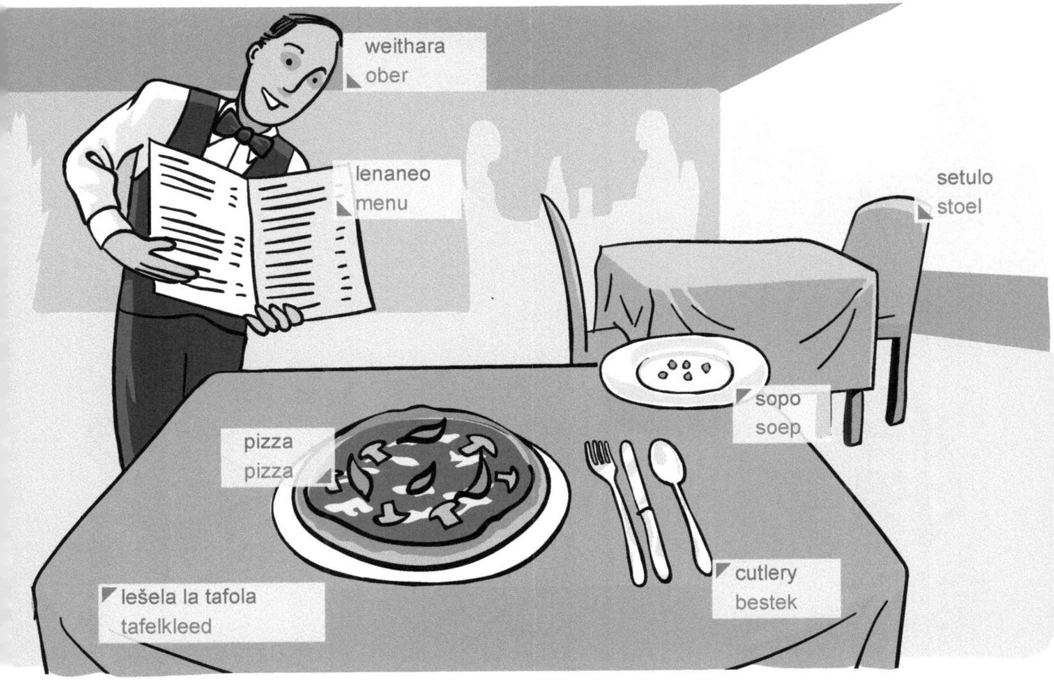

weithara
ober
lenaneo
menu
setulo
stoel
sopo
soep
pizza
pizza
cutlery
bestek
lešela la tafola
tafelkleed

dijo tša mathomo
voorgerecht

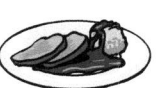

dijo
hoofdgerecht

dimonamonane
nagerecht

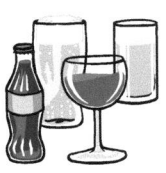

dino
drankjes

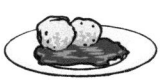

dijo
eten

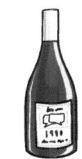

lepotlelo la ngwana
fles

fastfood

fastfood

dijo tša seterateng

street food

ketlele ya tea

theepot

poleitana swikiri

suikerpot

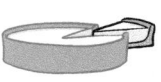

karolo

portie

motšhene wa espresso

espressomachine

setulo sa godimo

kinderstoel

tefo

rekening

therei

dienblad

thipa

mes

foroko

vork

lelepola

lepel

lelepola

theelepel

lešela la go iphomola

serviette

galase

glas

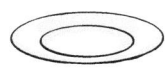

poleite

bord

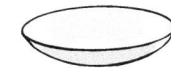

poleite ya sopo

soepbord

sosara

schoteltje

moroto

saus

poto ya letswai

zoutvatje

sešila phepha

pepermolen

vinegar

azijn

makhura

olie

sepaese

kruiden

tamatisoso

ketchup

masetete

mosterd

mayonnaise

mayonaise

lebenkele la dihlare

supermarkt

dithekišo tša tlase
aanbieding
FOR
moreki
klant
dijo tša go ba le maswi
zuivelproducten
dikenywa
fruit
teroli
winkelwagen

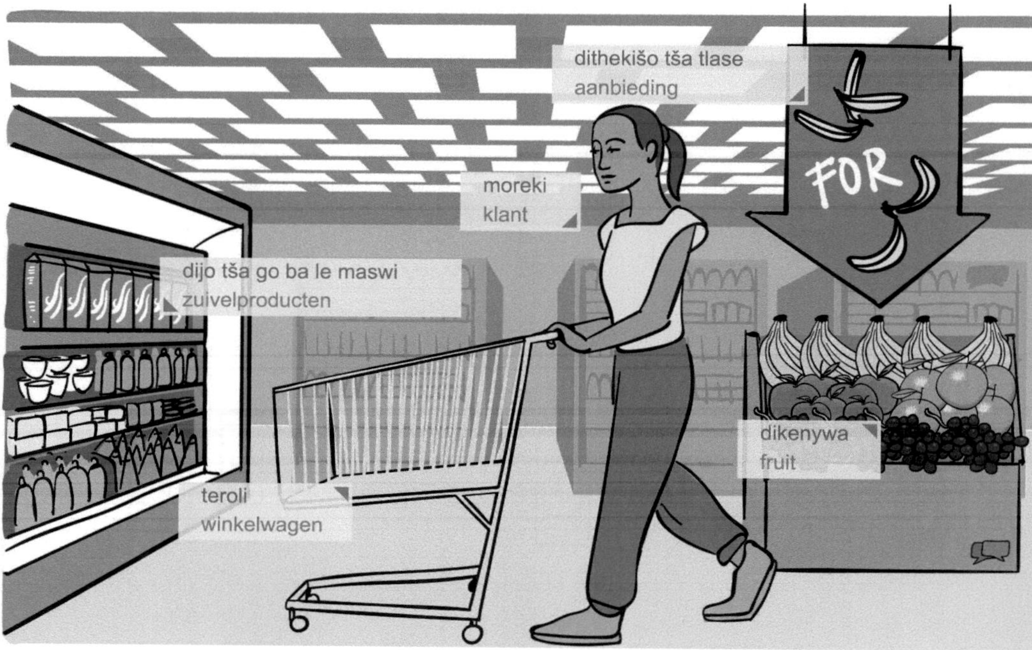

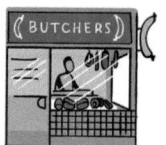

BUTCHERS

selaga

slagerij

BAKERY

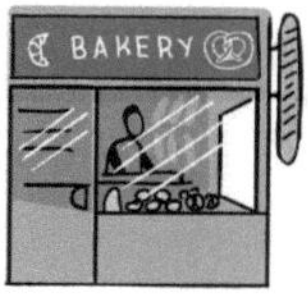

moapei wa dikuku

bakkerij

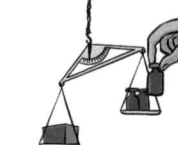

kala

wegen

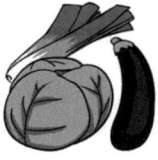

merogo

groenten

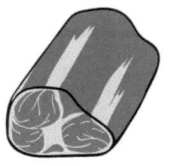

nama

vlees

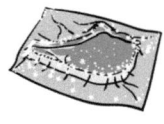

dijo tše gahlišitšwego

diepvriesvoedsel

nama ya go tonya

charcuterie

tinned food

conserven

sešepi sa go hlatswa

waspoeder

dimonamonane

snoep

dilo tša ka ntlong

huishoudproducten

didirišwa tša go hlwekiša

schoonmaakproducten

morekiši

verkoopster

till

kassa

morekiši

kassier

lenaneo la tše rekišwago

boodschappenlijstje

diiri tša go bula

openingstijden

sepatšhe

portefeuille

karata ya mokitlana

kredietkaart

peke

tas

peke ya polasetiki

plastieken zakje

meetsi

water

Juice

sap

maswi

melk

coke

cola

beine

wijn

bhiri

bier

bjala

alcohol

cocoa

cacao

tea

thee

kofi

koffie

espresso

espresso

cappuccino

cappuccino

banana

banaan

apola

appel

namome

sinaasappel

melon

meloen

namone

citroen

carrot

wortel

garlic

knoflook

bamboo

bamboe

keiye

ajuin

mushroom

champignon

ditokomane

noten

noodles

noodles

spaghetti

spaghetti

raese

rijst

salate

salade

ditšhipisi

frieten

matapola a gadikilwego

gebakken aardappelen

pizza

pizza

hambeka

hamburger

sandwich

sandwich

cutlet

kalfslapje

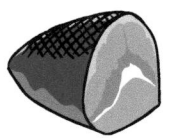

ham

ham

salami

salami

sausage

worst

kgogo

kip

gadika

braden

hlaphi

vis

bogobe bja oats

havervlokken

muesli

muesli

cornflakes

cornflakes

folouro

bloem

croissant

croissant

dipanse

pistolet

borotho

brood

toaster

toast

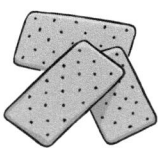

dipisikiti

koekjes

botoro

boter

curd

kwark

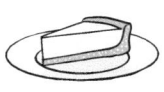

kuku

taart

lee

ei

lee le gadikilwego

spiegelei

tshese

kaas

ice cream

ijs

swikiri

suiker

todi ya dinosi

honing

jeme

confituur

chocolate spread

choco

curry

curry

polasa
boerderij

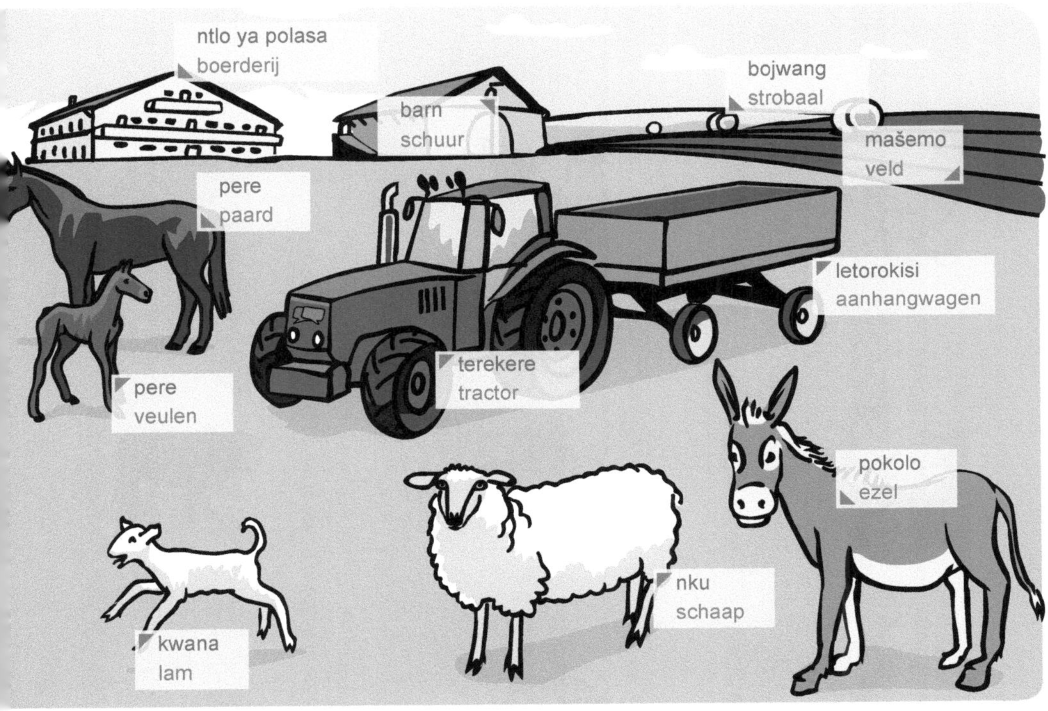
ntlo ya polasa
boerderij
barn
schuur
bojwang
strobaal
mašemo
veld
pere
paard
letorokisi
aanhangwagen
terekere
tractor
pere
veulen
pokolo
ezel
nku
schaap
kwana
lam

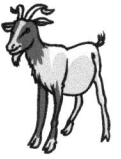

pudi
geit

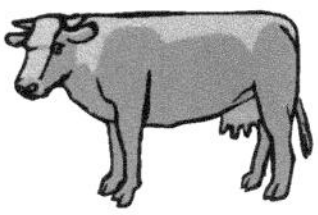
kgomu
koe

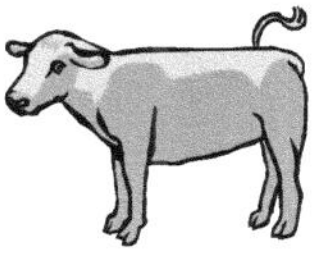
namane
kalf

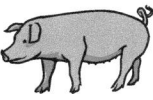

kolobe
varken

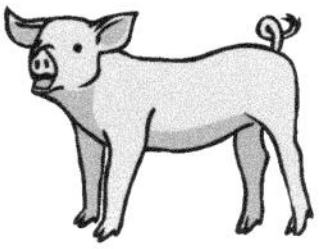
kolobjana
biggetje

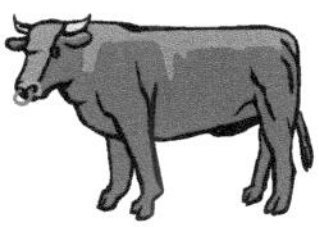
poo
stier

leganse

gans

leganse

eend

letswienyane

kuiken

kgogo

kip

mokoko

haan

legotlo

rat

katse

kat

legotlo

muis

pholo

os

mpšha

hond

ntlwana ya mpšha

hondenhok

lethompo la seratswana

tuinslang

khene ya meetse

gieter

peke

zeis

megoma ya terekere

ploeg

sekele

sikkel

mogoma

schoffel

foroko

hooivork

selepe

bijl

kiribai

kruiwagen

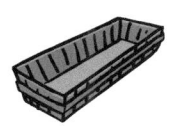

letangwana la meetsi

trog

khene ya maswi

melkkan

lesaka

zak

fense

hek

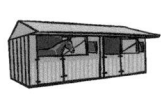

stable

stal

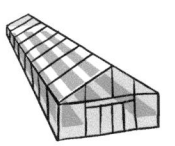

ntlwana ya galase ya dihlare

broeikas

mobu

bodem

peu

zaad

manyora

mest

motšhene wa go buna

maaidorser

buna

oogsten

buna

oogst

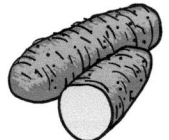

tse monate

yam

korong

tarwe

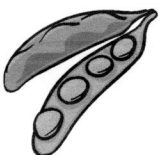

soy

soja

letapola

aardappel

korong

maïs

rapeseed

koolzaad

mohlare wa dikenywa

fruitboom

cassava

maniok

disereale

graan

ntlo
huis

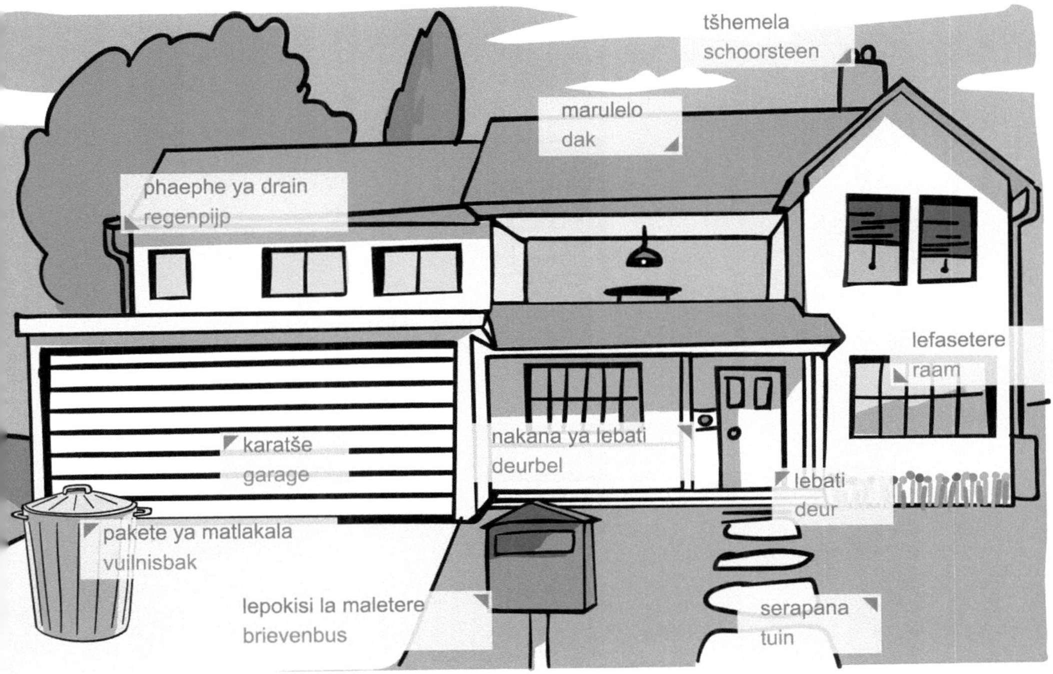
tšhemela
schoorsteen
marulelo
dak
phaephe ya drain
regenpijp
lefasetere
raam
karatše
garage
nakana ya lebati
deurbel
lebati
deur
pakete ya matlakala
vuilnisbak
lepokisi la maletere
brievenbus
serapana
tuin

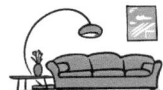

phapoši ya go dula

woonkamer

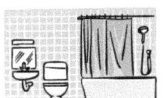

kamora ya go hlapela

badkamer

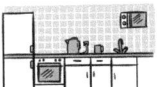

boapeelo

keuken

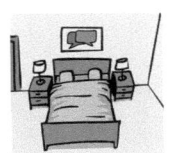

phapoši ya go robala

slaapkamer

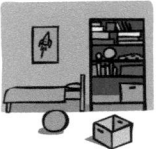

phapoši ya bana

kinderkamer

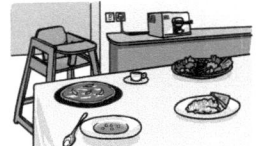

lefelo la boiketlo

eetkamer

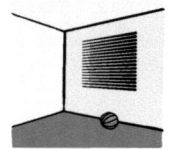

fase
vloer

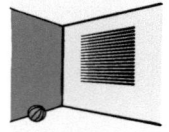

lebota
muur

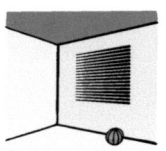

siling
plafond

cellar
kelder

sauna
sauna

letsikangope
balkon

lelapa
terras

letamo la go rutha
zwembad

motšhene wa go sega bjang
grasmaaier

lešela la go iphomola
dekbedovertrek

lešela la mpeto
dekbed

mpeto
bed

leswielo
bezem

pakete
emmer

pholaka
schakelaar

phapoši ya go dula

woonkamer

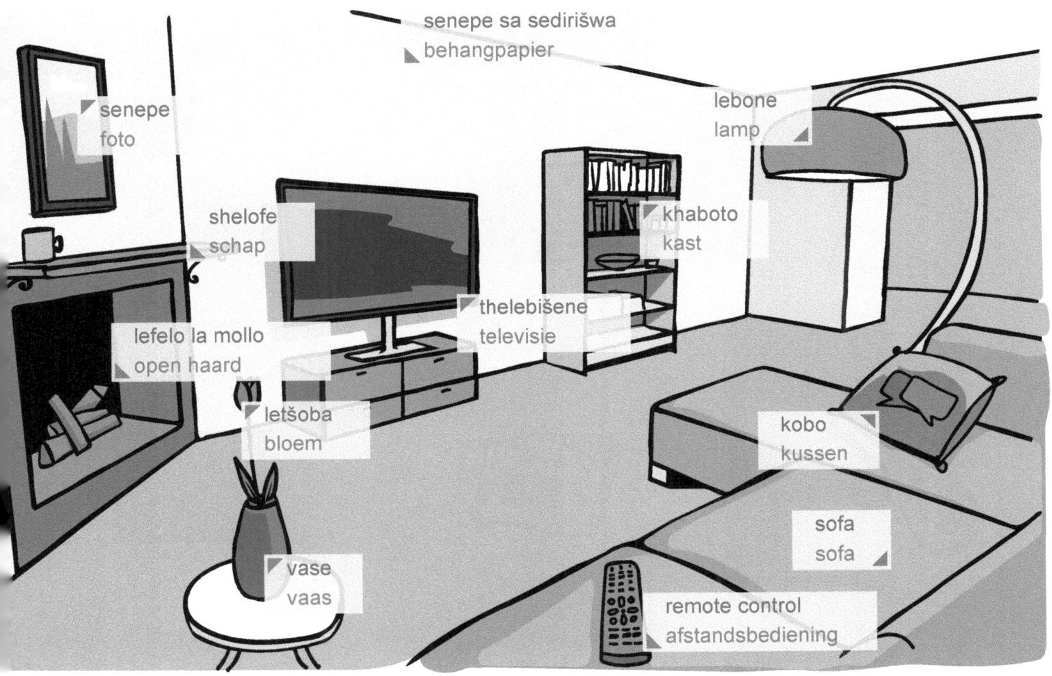
senepe sa sedirišwa
behangpapier
senepe
foto
lebone
lamp
shelofe
schap
khaboto
kast
thelebišene
televisie
lefelo la mollo
open haard
letšoba
bloem
kobo
kussen
sofa
sofa
vase
vaas
remote control
afstandsbediening

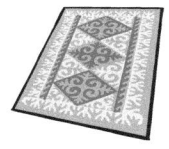

khaphete
mat

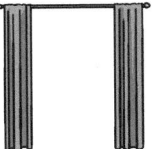

garetene
gordijn

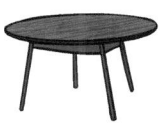

tafola
tafel

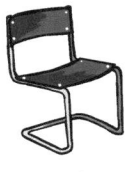

setulo
stoel

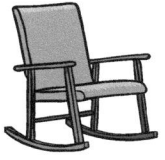

rocking chair
schommelstoel

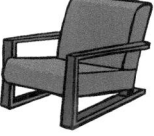

armchair
fauteuil

buka

boek

kobo

deken

bokgabišo

decoratie

dikota tša mollo

brandhout

filimi

film

sedirišwa sa hi-fi

stereo-installatie

senotlelo

sleutel

kuranta

krant

go penta

schilderij

phouseta

poster

radio

radio

pukwana ya go ngwala

notitieboekje

motšhene wa go hlwekiša

stofzuiger

mohlašana wa cactus

cactus

kerese

kaars

boapeelo
keuken

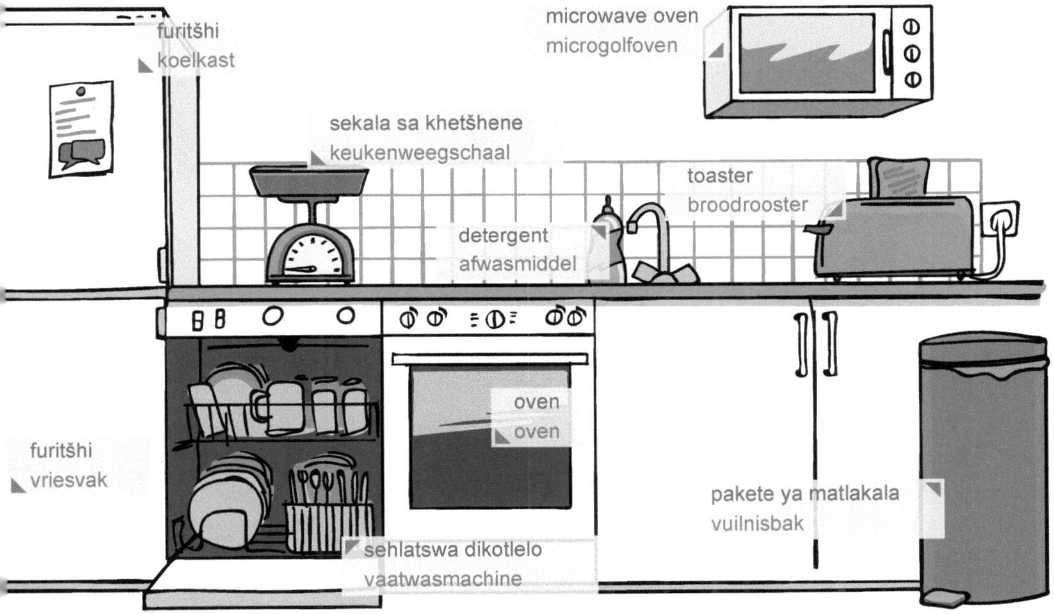
furitšhi
koelkast
microwave oven
microgolfoven
sekala sa khetšhene
keukenweegschaal
toaster
broodrooster
detergent
afwasmiddel
oven
oven
furitšhi
vriesvak
pakete ya matlakala
vuilnisbak
sehlatswa dikotlelo
vaatwasmachine

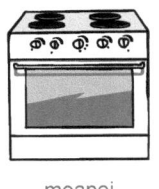

moapei
fornuis

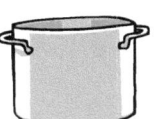

pitša
pot

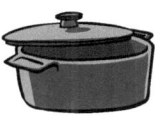

cast-iron pot
gietijzeren pot

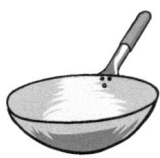

wok / kadai
wok / kadai

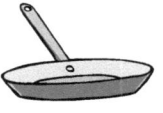

pane
pan

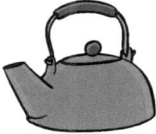

ketlele
waterkoker

steamer

stoomkoker

therei ya go paka

bakplaat

dikotlelo

servies

komiki

mok

mogopo

kom

diphathana tša go ja

eetstokjes

lelepola la ladle

pollepel

spatula

spatel

whisk

garde

strainer

vergiet

sefo

zeef

kereitara

rasp

mortar

mortier

barbecue

barbecue

thuntšha

haardvuur

boto ya dijo

snijplank

rolling pin

deegrol

sebula lepotlelo

kurkentrekker

khene

blik

sebula khene

blikopener

seswara dipoto

pannenlap

sinki

gootsteen

borashe

borstel

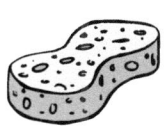

sepontše

spons

sehlakanyi

blender

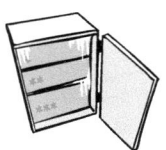

freezer

vriezer

lepotlelo la ngwana

papfles

pompi

kraan

kamora ya go hlapela
badkamer

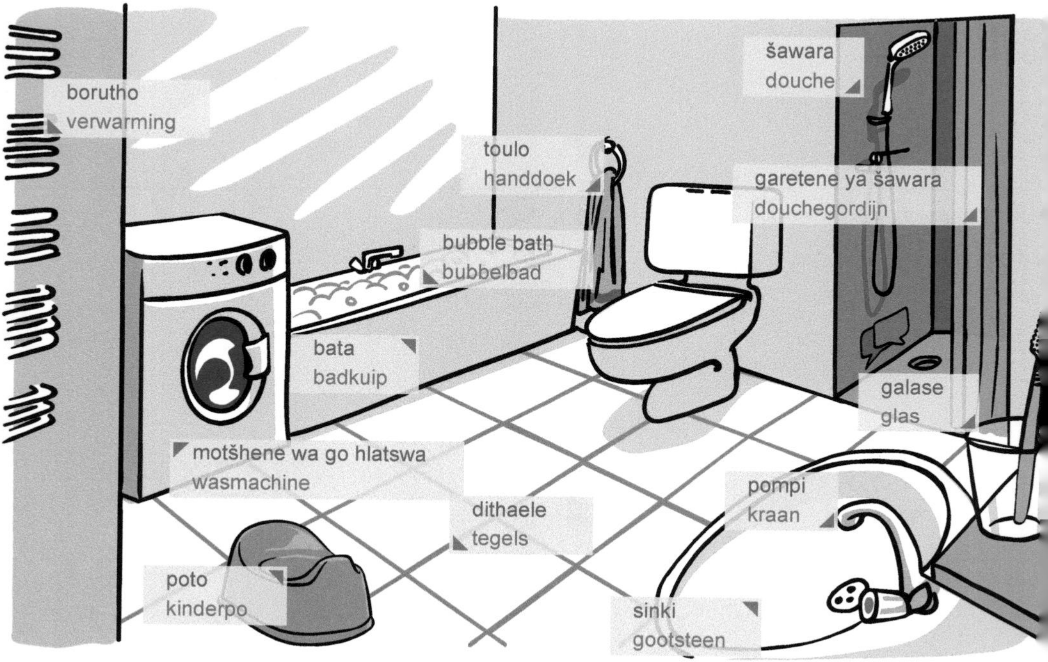
borutho
verwarming
šawara
douche
toulo
handdoek
garetene ya šawara
douchegordijn
bubble bath
bubbelbad
bata
badkuip
galase
glas
motšhene wa go hlatswa
wasmachine
pompi
kraan
dithaele
tegels
poto
kinderpo
sinki
gootsteen

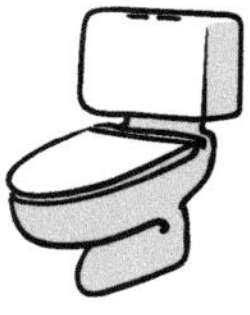

ntlwana

toilet

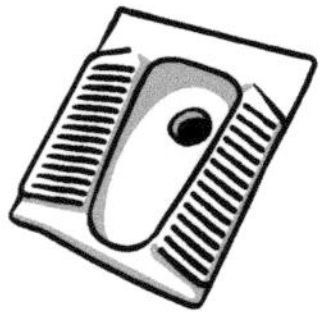

ntlwana ya ho tshorama

hurktoilet

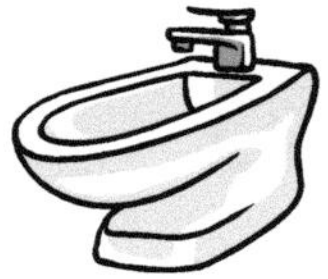

bidet

bidet

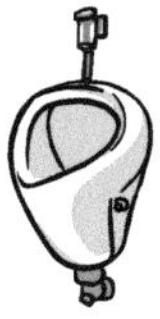

moroto

urinoir

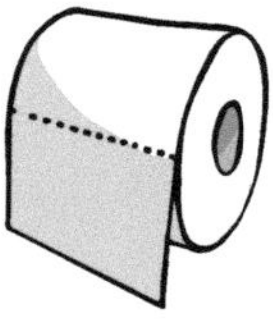

pampiri ya ntlwana

toiletpapier

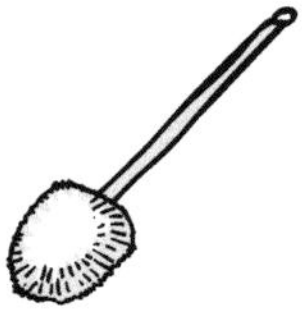

boraše ya ntlwana

toiletborstel

boraše ya ho hlapa meno

tandenborstel

sešepi sa meno

tandpasta

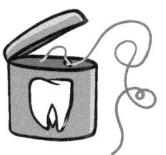

floss ya meno

flosdraad

hlatswa

wassen

shawara ya go swarwa ka matsogo

handdouche

douche

bidethanddouche

basin

waskom

back brush

rugborstel

sešepi

zeep

sešepi sa ka šawareng

douchegel

shampoo

shampoo

folene

washandje

drain

afvoer

sa go tlola

crème

senkgiša bose

deodorant

seipone

spiegel

sepili se senyenyane

handspiegel

legare

scheermes

shaving foam

scheerschuim

aftershave

aftershave

kamo

kam

boraše

borstel

derayara ya moriri

haardroger

setlola sa moriri

haarlak

makeup

make-up

setlola sa molomo

lippenstift

varnish ya manala

nagellak

wulu

watten

sekero sa dinala

nagelknipper

phefumo

parfum

pekana ya tša go hlapa
....
toilettas

setulo
....
kruk

sekala
....
weegschaal

toulwana ya go hlapa
....
badjas

ditlelafo tša rabara
....
latex handschoenen

tampon
....
tampon

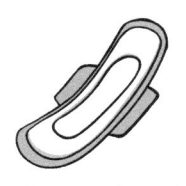

toulo ya go phumula
matsogo
....
maandverband

ntlwana ya dikhemikhale
....
chemisch toilet

phapoši ya bana
kinderkamer

watšhe ya alamo
wekker
mpopi
knuffel
koloi ya go bapadiša
speelgoedauto
rattle ya bana
rammelaar
ntlo ya mepopi
poppenhuis
present
geschenk

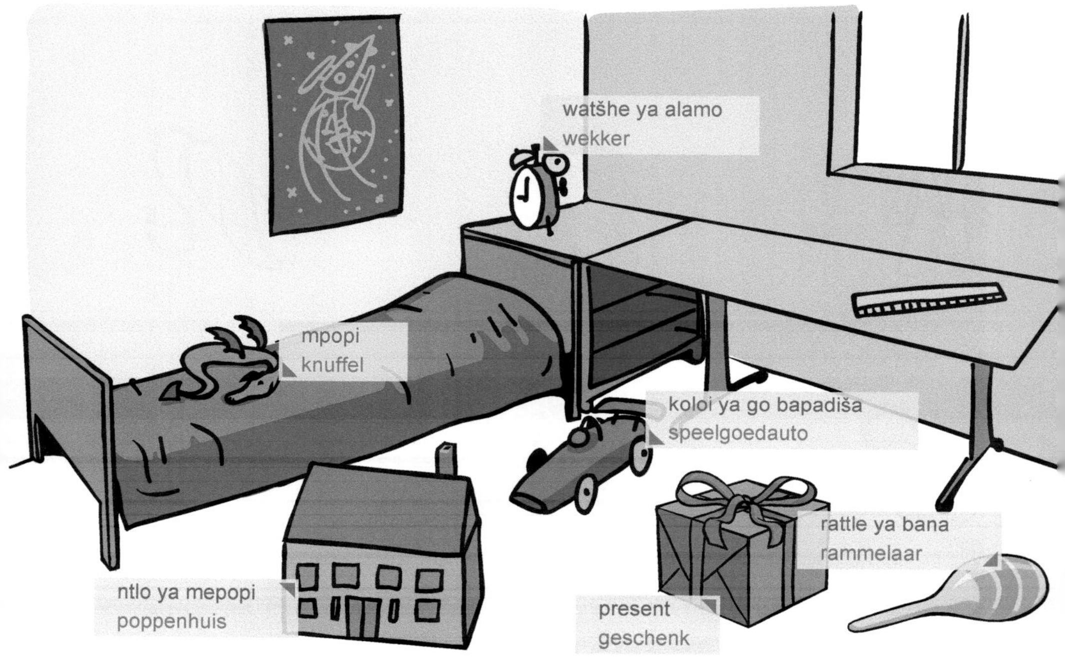

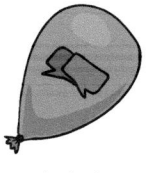

baluni

ballon

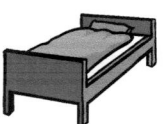

mpeto

bed

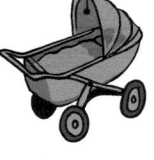

phorema

kinderwagen

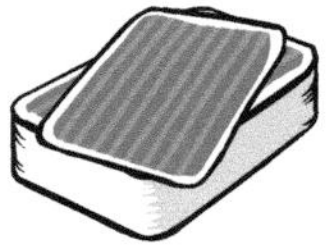

dikarata

spel kaarten

papadi ya jigsaw

puzzel

SUPER
MEGA

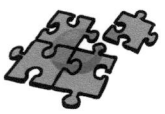

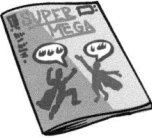

metlae

stripboek

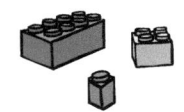

papadi ya lego bricks

legoblokjes

papadi ya building blocks

blokken

action figure

actiefiguur

go gola ga ngwana

kruippakje

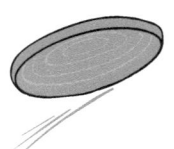

papadi ya Frisbee

frisbee

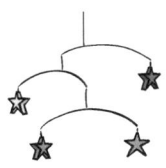

mobile

mobiel

papadi ya boto

bordspel

letaese

dobbelsteen

model train set

modelspoorweg

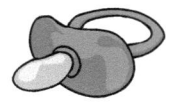

tami

fopspeen

phathi

feest

puku ya dinepe

prentenboek

kgwele

bal

mpopi

pop

bapala

spelen

sandpit

zandbak

swing

schommel

tša go bapadiša

speelgoed

sediriswa sa dipapadi tša bidio

spelconsole

paesekele ya bana

driewieler

teddy bear

knuffelbeer

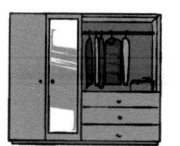

oteropo

kleerkast

masokisi

sokken

masokisi

kousen

pentihouso

maillot

sekhafo
sjaal

amporela
paraplu

sekhipha
T-shirt

lepanta
riem

diputsu
laarzen

deselephara
slippers

diteki
sneakers

ramphešane

sandalen

dieta

schoenen

diputsu tša rabara

rubberlaarzen

borokgwana bja ka fase

onderbroek

seaparo sa bra

beha

besete

onderhemd

mmele

lichaam

marokgo

broek

pokathe

jeans

sekhethe

rok

seaparo sa blouse

blouse

hempe

hemd

jase

trui

jase

capuchontrui

seaparo sa blazer

blazer

baki

jas

jase

jas

jase ya pula

regenjas

khosetumo

kostuum

roko

jurk

lešira

trouwjurk

sutu
pak

seaparo sa go robala
nachthemd

dipejama
pyjama

sari
sari

sekafo
hoofddoek

turban
tulband

seaparo sa burqa
boerka

roko ya kaftan
kaftan

abaya
abaya

seaparo sa go rutha
badpak

diteranka
zwembroek

marukgwana a manyenyane
short

terekesutu
trainingspak

apron
schort

ditlelafo
handschoenen

konope

knoop

digalase

bril

boreiselete

armband

nekeleise

ketting

palamonwana

ring

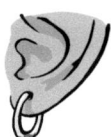

lengena

oorbel

kepisi

pet

hengere ya jase

kapstok

kefa

hoed

thai

das

zip

rits

helmete

helm

braces

bretellen

diaparo tša sekolo

schooluniform

unifomo

uniform

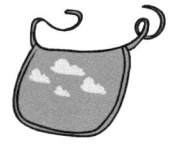

seaparo sa bib

slabbetje

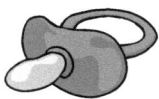

tami

fopspeen

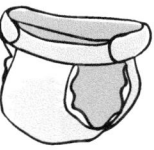

mongato

luier

ofisi

kantoor

sebara
server
lekase la difaele
dossierkast
phrinthara
printer
letlakala
papier
monitharaw
monitor
mouse
muis
tafola
bureau
foldara
map
keybhoto
toestenbord
ete ya matlakala a ditšhila
rmand
khomphutha
computer
setulo
stoel

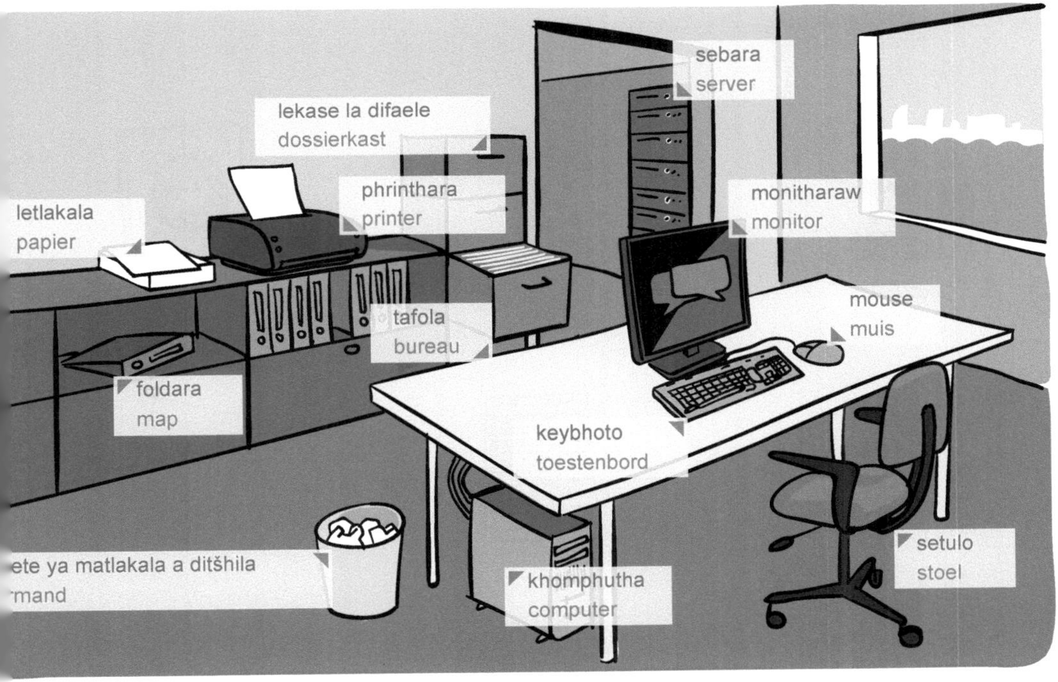

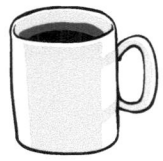

komiki ya kofi

koffiemok

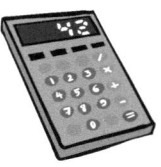

khalekhuleitha

rekenmachine

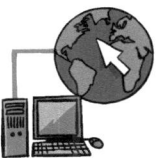

inthanete

internet

laptop
laptop

lengwalo
brief

molaetša
bericht

mogalathekeng
gsm

netweke
netwerk

motšhene wa go
photokhopa
kopieerapparaat

software
software

mogala
telefoon

pholaka ya sokete
stopcontact

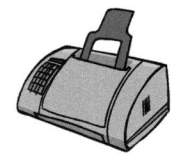

motšhine wa go fekesa
fax

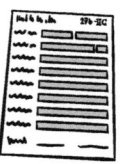

fomo
formulier

dipampiri
document

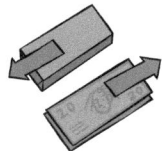

reka

kopen

lefa

betalen

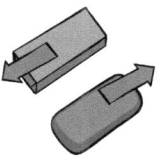

rekiša

handelen

tšhelete

geld

dollar

dollar

euro

euro

yen

yen

rouble

roebel

Swiss franc

Zwitserse frank

renminbi yuan

Chinese renminbi

rupee

roepie

lefelo la go ntšha tšhelete

geldautomaat

lefelo la go fetola tšhelete
....
wisselkantoor

gauta
....
goud

silifera
....
zilver

oil
....
olie

matla
....
energie

poraese
....
prijs

konteraka
....
contract

motšhelo
....
belasting

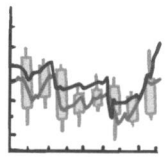

setokho
....
aandeel

mošomo
....
werken

mošomi
....
werknemer

mothwadi
....
werkgever

feketori
....
fabriek

lebenkele la dijo
....
winkel

lephodisa
politieagent

setimamollo
brandweerman

apea
kok

ngaka
dokter

mofofiši wa difofane
piloot

mohlokomedi wa dirapana

tuinman

mmetli

timmerman

moroki

naaister

moahlodi

rechter

khemise

chemicus

mmapadi

acteur

mootledi wa pase

buschauffeur

mootledi wa thekisi

taxichauffeur

moswara dihlapi

visser

mosadi wa go hlwekiša

schoonmaakster

molokiša marulelo

dakdekker

weithara

ober

motsomi

jager

motho wa go penta

schilder

mopaki

bakker

electrician

elektricien

moagi

bouwvakker

moenjeneare

ingenieur

selaga

slager

polambara

loodgieter

mosepediši wa poso

postbode

mohlabani

soldaat

mothadi wa dintlo

architect

morekiši

kassier

molemi wa matšoba

bloemist

mologi wa moriri

kapper

molaodi

conducteur

mekhenikhe

mecanicien

mokapotene

kapitein

ngaka ya meno

tandarts

rathutamahlale

wetenschapper

moruti

rabbijn

moetapele wa dithapelo

imam

monk

monnik

moruti

geestelijke

didirišwa

werktuigen

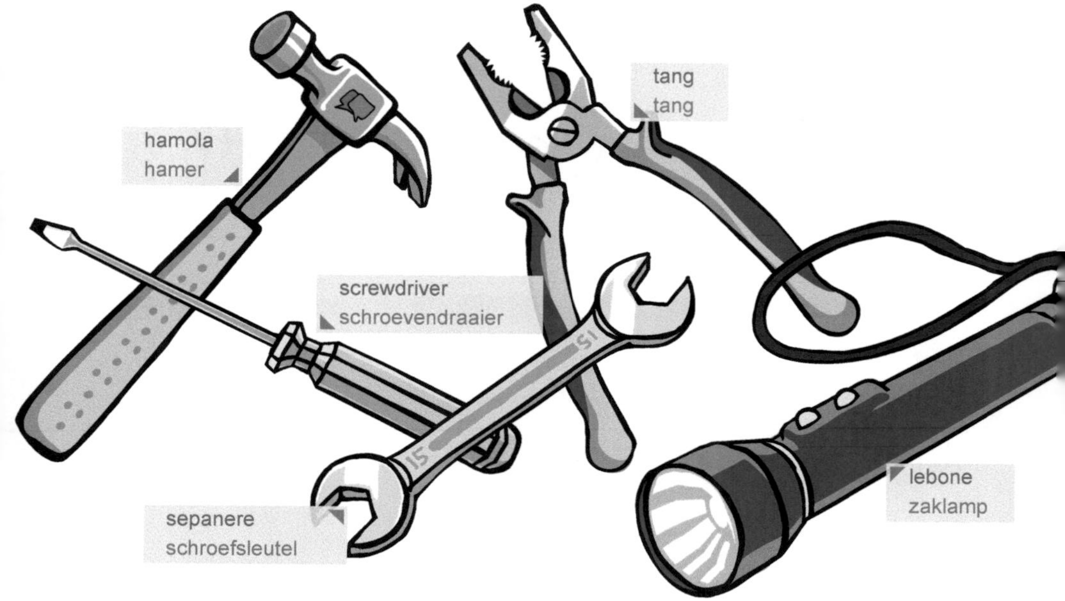
tang
tang
hamola
hamer
screwdriver
schroevendraaier
lebone
zaklamp
sepanere
schroefsleutel

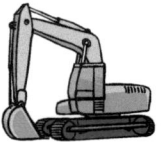

seepi

graafmachine

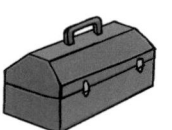

lepokisi la dithulusi

gereedschapskoffer

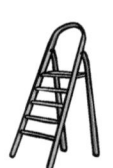

llere

ladder

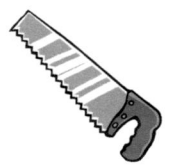

saga

zaag

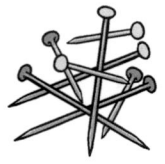

dipikiri

spijkers

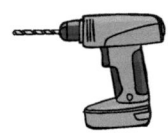

sebori

boormachine

lokiša
....
repareren

garafo
....
schop

ijoo!
....
Verdomme!

seolela matlakala
....
blik

pitša ya pente
....
verfpot

sekurufu
....
schroeven

didirišwa tša mmino

muziekinstrumenten

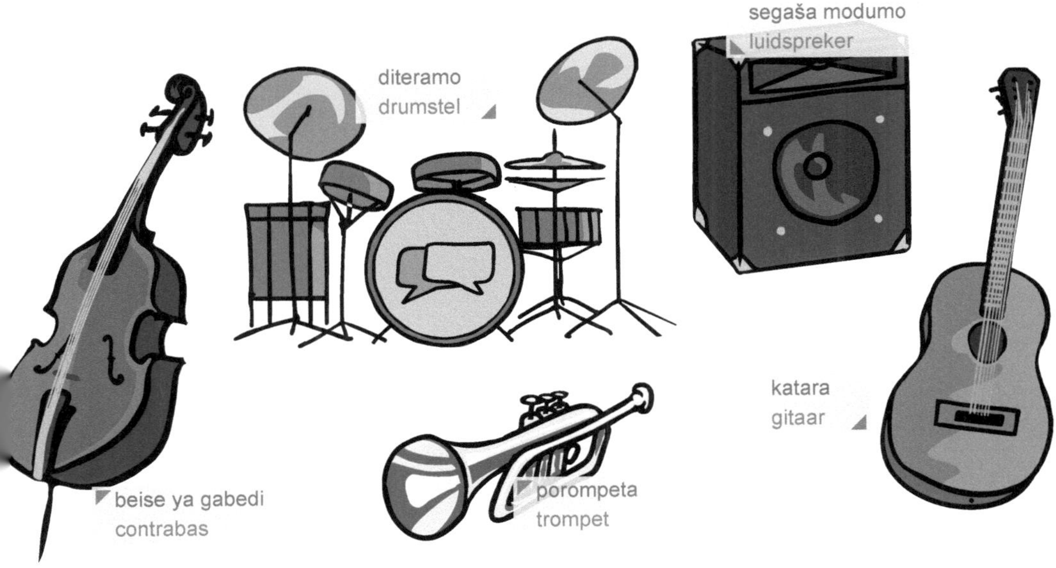

diteramo
drumstel

segaša modumo
luidspreker

katara
gitaar

beise ya gabedi
contrabas

porompeta
trompet

piano
piano

violin
viool

beise
basgitaar

timpani
pauk

diteramo
trommels

keybhoto
keyboard

saxophone
saxofoon

phala
fluit

mmaekrofouno
microfoon

zuu
zoo

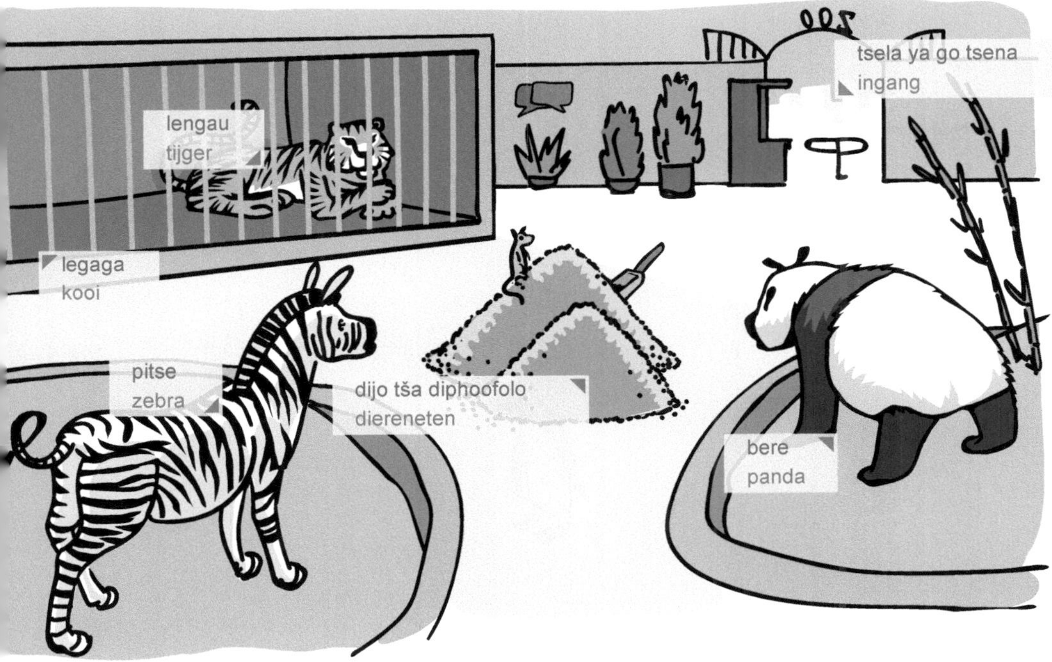

tsela ya go tsena
ingang
lengau
tijger
legaga
kooi
pitse
zebra
dijo tša diphoofolo
diereneten
bere
panda

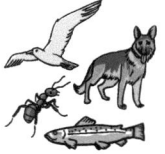

diphoofolo

dieren

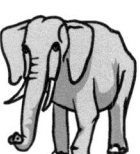

tlou

olifant

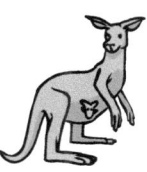

kangaroo

kangoeroe

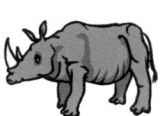

tšhukudu

neushoorn

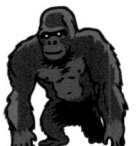

gorilla

gorilla

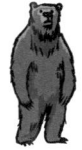

bere

beer

kamela

kameel

mpšhe

struisvogel

tau

leeuw

tšhwene

aap

nonyana ya flamingo

flamingo

nonyana ya parrot

papegaai

bere ya polar

ijsbeer

penguin

pinguïn

shark

haai

phikoko

pauw

noga

slang

kwena

krokodil

mohlokomedi wa di zoo

dierenverzorger

sili

zeehond

jaquar

jaguar

pokolo

pony

lepogo

luipaard

hippo

nijlpaard

thutlwa

giraffe

lenong

adelaar

kolobe ya naga

wild zwijn

hlaphi

vis

khudu

zeeschildpad

walrus

walrus

phiri

vos

phuthi

gazelle

kgwele ya Amerika
rugby

go reila paesekela
wielrennen

thenese
tennis

basketball
basketbal

go rutha
zwemmen

ntwa ya matswele
boksen

hockey ya lehlweng
ijshockey

kgwele ya maoto
voetbal

badminton
badminton

bakitimi
atletiek

polo ya matsogo
handbal

skiing
skiën

polo
polo

mediro
activiteiten

sega
lachen
taboga
springen
gokara
knuffelen
sepela
wandelen
opela
zingen
lora
dromen
rapela
bidden
atla
kussen

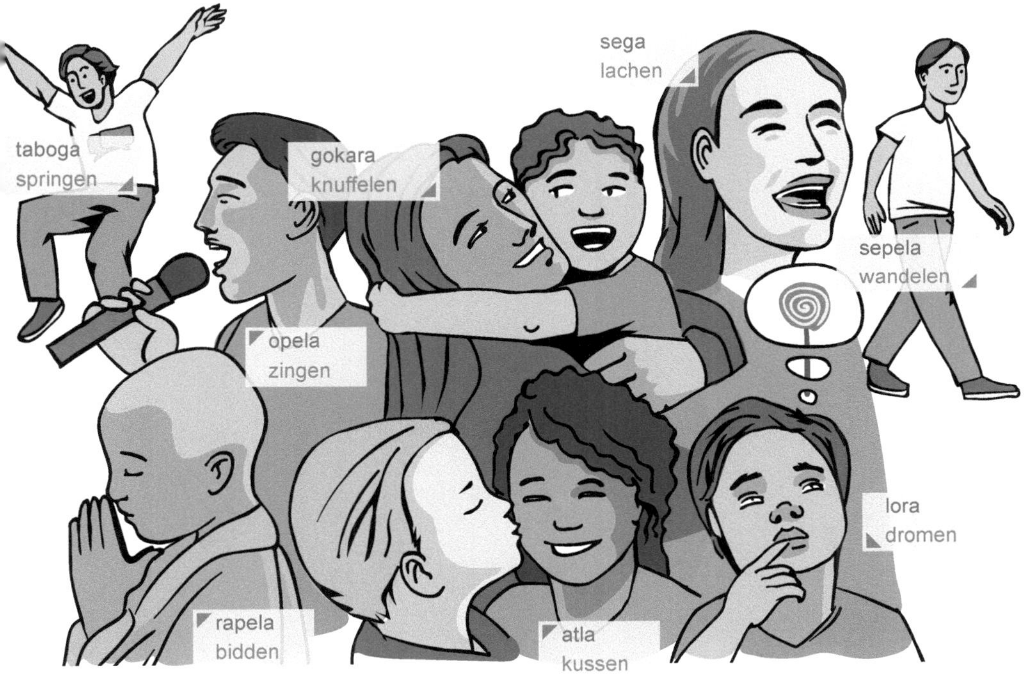

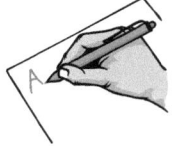

ngwala

schrijven

thala

tekenen

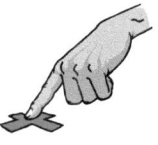

bontšha

tonen

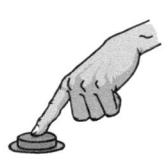

kgorometša

duwen

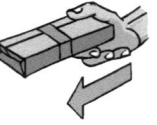

efa

geven

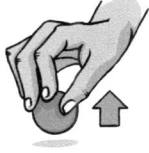

tšea

nemen

e ba le

hebben

dira

doen

eba

zijn

ema

staan

kitima

lopen

goga

trekken

lahlela

gooien

e wa

vallen

maaka

liggen

emanyana

wachten

rwala

dragen

dula

zitten

go apara

aankleden

robala

slapen

tsoga

ontwaken

lebelela

kijken naar

lla

wenen

seterouko

aaien

kamo

kammen

bolela

praten

kwešiša

begrijpen

botšiša

vragen

theetša

luisteren

e nwa

drinken

eja

eten

hlwekiša

opruimen

lerato

houden van

apea

koken

otlela

rijden

fofa

vliegen

sesa

zeilen

khalekhuleitha

rekenen

bala

Lezen

ithute

leren

mošomo

werken

nyala

trouwen

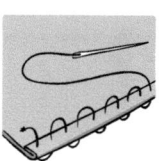

roka

naaien

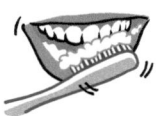

hlapa meno

tandenpoetsen

bolaya

doden

kgoga

roken

romela

sturen

makgolo
grootmoeder

rakgolo
grootvader

tate
vader

mma
moeder

ngwana
baby

morwedi
dochter

morwa
zoon

moeng
gast

rakgadi
tante

malome
oom

abuti
broer

sesi
zus

mmele
lichaam

phatla
voorhoofd
leihlo
oog
magetla
schouder
monwana
vinger
sefahlego
gezicht
seledu
kin
seatla
hand
letswele
borst
leoto
been
letsogo
arm

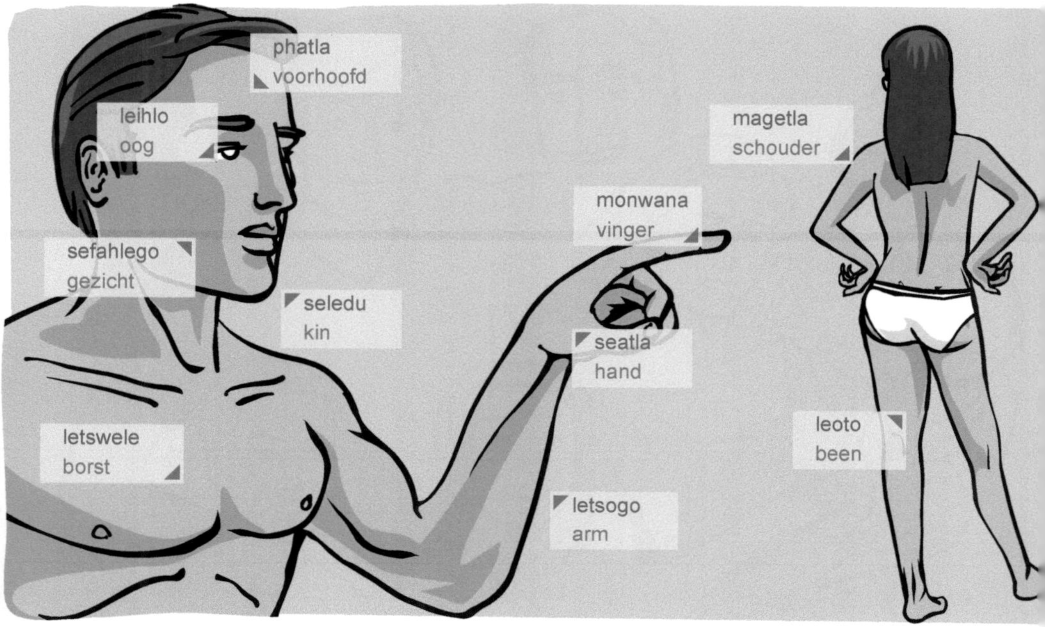

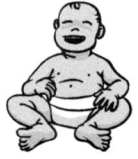

ngwana

baby

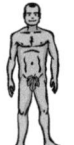

monna

man

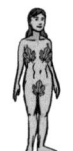

mosadi

vrouw

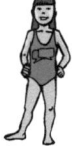

kgarebe

meisje

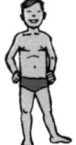

mošemane

jongen

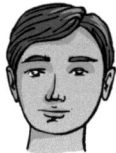

hlogo

hoofd

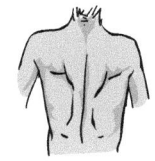

morago

rug

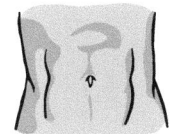

mokhaba

buik

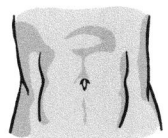

mokhubu

navel

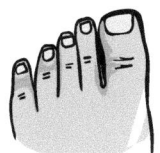

monwana

teen

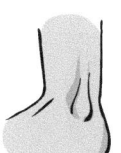

tlhako

hiel

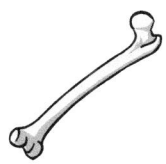

lerapo

bot

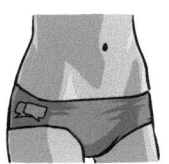

matheka

heup

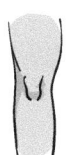

leoto

knie

khuru

elleboog

nko

neus

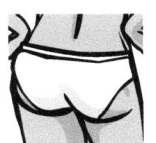

tlase

zitvlak

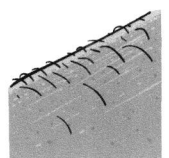

letlalo

huid

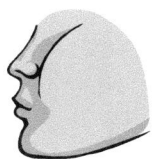

lerama

wang

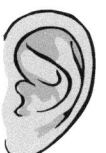

tsebe

oor

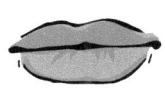

molomo

lip

molomo

mond

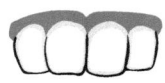

leino

tand

Leleme

tong

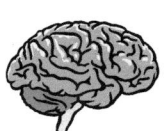

bjoko

hersenen

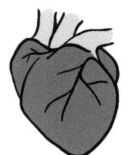

pelo

hart

segoba

spier

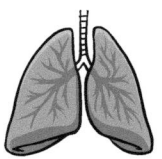

maswafo

long

sebete

lever

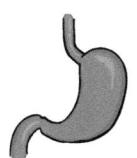

mala

maag

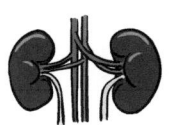

diphsio

nieren

thobalano

seks

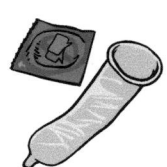

condom

condoom

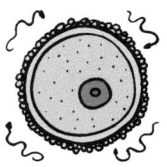

Ovum

eicel

matshedi

sperma

go ima

zwangerschap

mmele - lichaam

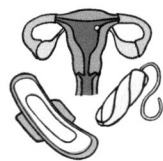

go bona kgwedi
....
menstruatie

setho sa bosadi
....
vagina

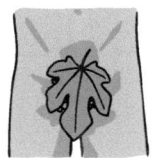

setho sa bonna
....
penis

dintši
....
wenkbrauw

moriri
....
haar

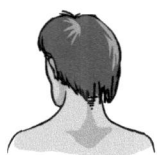

molala
....
nek

sepetlele
ziekenhuis

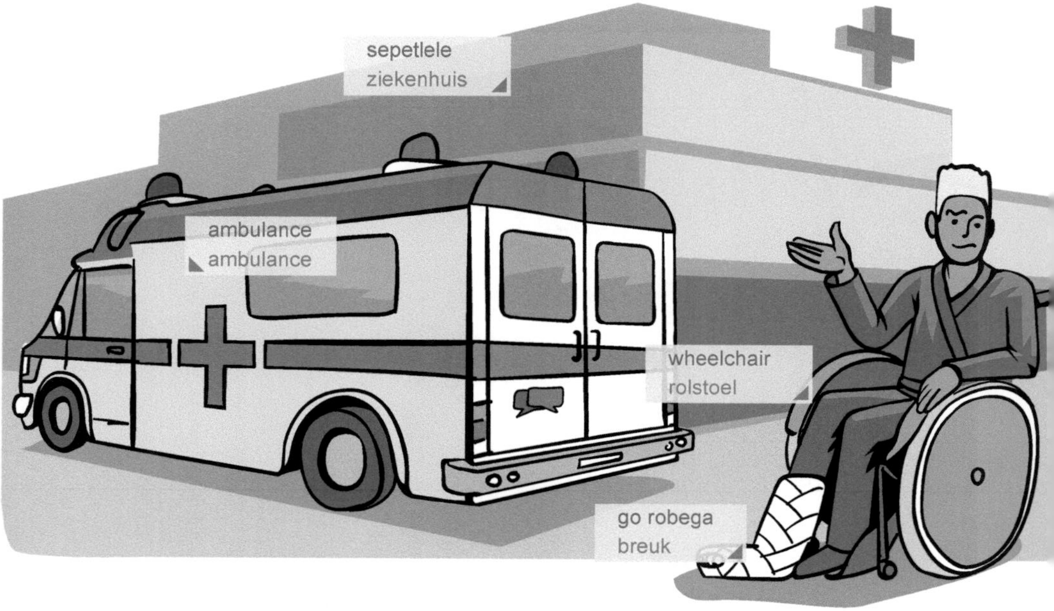

sepetlele
ziekenhuis
ambulance
ambulance
wheelchair
rolstoel
go robega
breuk

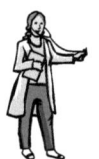

ngaka
dokter

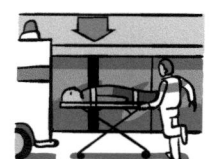

phapoši ya tša tšhoganetšo
spoed

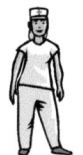

mooki
verpleegkundige

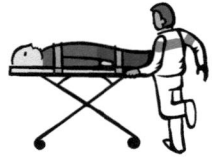

tšhoganetšo
noodgeval

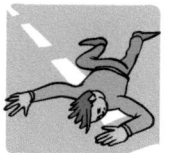

go idibala
bewusteloos

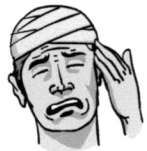

bohloko
pijn

go gobala

verwonding

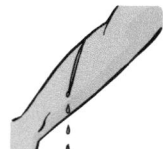

go tšwa madi

bloeding

bolwetši bja pelo

hartaanval

setorouko

beroerte

ge mmele o ganana le dijo

allergie

go gohlola

hoest

go gohlola

koorts

sehuba

griep

letšhollo

diarree

go opa ke hlogo

hoofdpijn

kankere

kanker

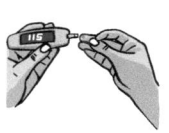

swikiri

diabetes

mmui

chirurg

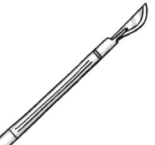

thipa ya scalpel

scalpel

go bulwa

operatie

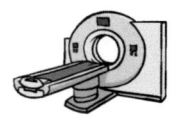

CT

CT

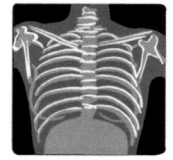

x-ray

röntgenstraal

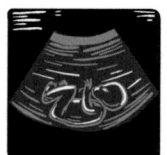

ultrasound

ultrageluid

sethiba sefahlego

gezichtsmasker

bolwetši

ziekte

phapoši ya go leta

wachtkamer

lehlotlo

kruk

sedirišwa sa plaster

pleister

lešela la ntho

verband

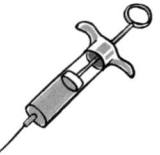

nalete

injectie

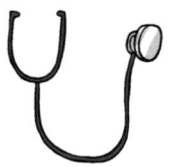

sthehosekoupo

stethoscoop

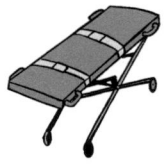

seteretšhara

brancard

themoketha ya kgathelelo

thermometer

go belebga

geboorte

mmele o mogolo

overgewicht

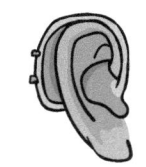

sethuša ditsebe

hoorapparaat

disinfectant

ontsmettingsmiddel

twatši

infectie

baerase

virus

HIV / AIDS

HIV / AIDS

dihlare

medicijn

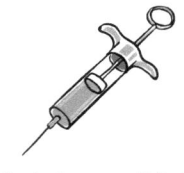

tlhabelo ya go thibela
malwetši

vaccinatie

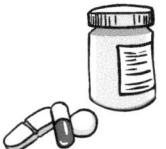

dipilisi

tabletten

pilisi

pil

mogala wa tšhoganetšo

noodoproep

sehlahlobi sa pelo

bloeddrukmeter

go babja / phetše gabotse

ziek / gezond

Thušo!

Help!

alamo

alarm

go tšhošetšwa

overval

tlhaselo

aanval

kotsi

gevaar

go tšwa ka tšhoganetšo

nooduitgang

Mollo!

Brand!

setimamollo

brandblusser

kotsi

ongeval

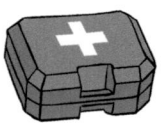

first-aid kit

EHBO-kit

SOS

SOS

maphodisa

politie

Yuropa

Europa

Amerika Bodikela

Noord-Amerika

Amerika Borwa

Zuid-Amerika

Afrika

Afrika

Asia

Azië

Australia

Australië

Atlantic

Atlantische Oceaan

Pacific

Stille Oceaan

Lewatle la India

Indische Oceaan

Lewatle la Antarctic

Antarctische Oceaan

Lewatle la Arctic

Arctische Oceaan

North Pole

Noordpool

South Pole
....
Zuidpool

Antarctica
....
Antarctica

Lefase
....
aarde

naga
....
land

noka
....
zee

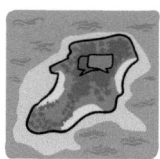

island
....
eiland

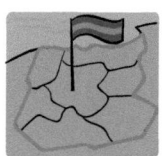

naga
....
natie

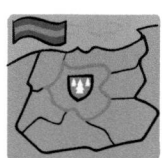

state
....
staat

sešupanako sa dinomoro

wijzerplaat

diiri tša sešupanako

uurwijzer

metsotso ya sešupanako

minuutwijzer

metsotswana ya
sešupanako
secondewijzer

Ke nako mang?

Hoe laat is het?

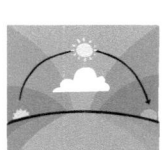

letšatši

dag

nako

tijd

gona bjale

nu

sešupanako sa dinomoro

digitale horloge

metsotso

minuut

iri

uur

beke
week

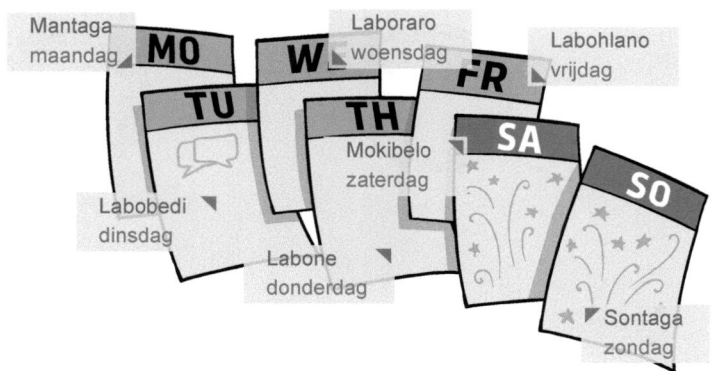

Mantaga / maandag — MO
Laboraro / woensdag — W
Labohlano / vrijdag — FR
TU
TH
Mokibelo / zaterdag — SA
Labobedi / dinsdag
Labone / donderdag
SO
Sontaga / zondag

maobane

gisteren

lehono

vandaag

ka moswana

morgen

mesong

ochtend

Thapama

middag

mantšiboa

avond

matšatši a kgwebo

werkdagen

mafelobeke

weekend

pula
regen

molalatladi
regenboog

lehlwa
sneeuw

phefo
wind

seruthwane
lente

lehlabula
herfst

selemo
zomer

marega
winter

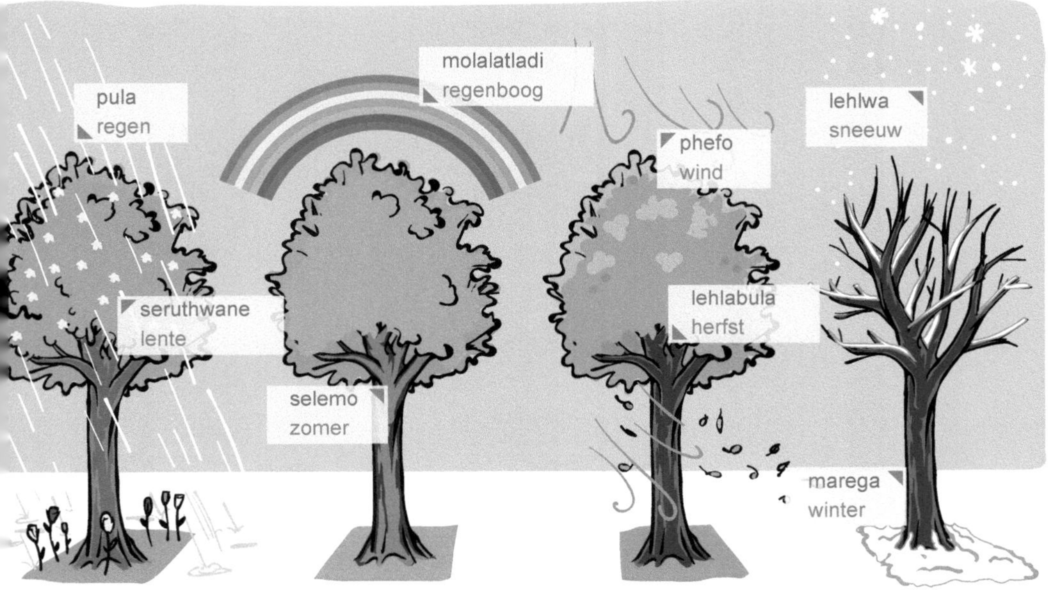

tsebišo ya leratadima
....
weervoorspelling

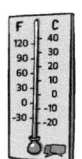

thermometer
....
thermometer

mahlasedi a letšatši
....
zonneschijn

maru
....
wolk

kgudi
....
mist

go koloba
....
vochtigheid

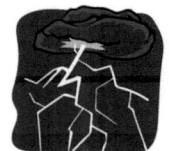

legadima

bliksem

legadima

donder

ledimo

storm

sefako

hagel

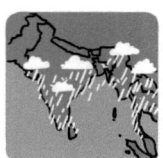

ledimo

moesson

lefula

overstroming

lehlwa

ijs

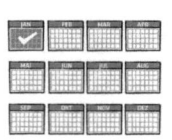

January

januari

February

februari

March

maart

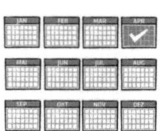

April

april

May

mei

June

juni

July

juli

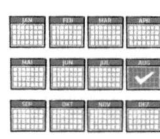

August

augustus

ngwaga - jaar

September
....
september

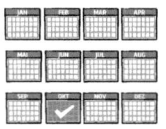

October
....
oktober

November
....
november

December
....
december

nthokolo
....
cirkel

sekwere
....
kwadraat

rectangle
....
rechthoek

theraekele
....
driehoek

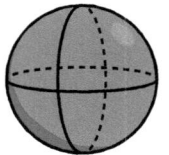

nthokolo
....
bol

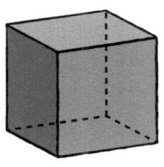

cube
....
kubus

tshweu

wit

kheri

geel

namone

oranje

pinki

roze

khubedu

rood

phepholo

paars

pududu

blauw

tala

groen

tshehla

bruin

kerei

grijs

bontsho

zwart

še dintši / tše dinyenyane

veel / weinig

befetšwe / theotše maswafo

boos / kalm

botse / befile

mooi / lelijk

mathomo / mafelelo

begin / einde

kgolo / nyenyane

groot / klein

seetša / leswiswi

licht / donker

abuti / sesi

broer / zus

hlwekile / ditšhila

proper / vuil

feletše / ga se e felele

volledig / onvolledig

mosegare / bošego

dag / nacht

hwile / o sa phela

dood / levend

go bulega / go tswalelega

breed / smal

e a jega / ga e jege

eetbaar / oneetbaar

bobe / go loka

kwaadaardig / vriendelijk

mahlahlo / go tšwafa

opgewonden / verveeld

bokoto / bosese

dik / dun

mathomo / mafelelo

eerst / laatst

mogwera / lenaba

vriend / vijand

e tletše / ga e na selo

vol / leeg

tiile / e bonolo

hard / zacht

ya roba / e bobebo

zwaar / licht

tlala / mokhoro

honger / dorst

go babja / phetše gabotse

ziek / gezond

ga e molaong / e molaong

illegaal / legaal

bohlale / lešilo

intelligent / dom

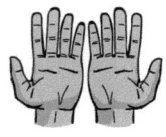

le letshadi / le letona

links / rechts

kgaufsi / kgole

dichtbij / veraf

mapsha / e dirišitšwe

nieuw / gebruikt

selo / se sengwe

niets / iets

motšofadi / mofsa

oud / jong

laeta / tima

aan / uit

bula / tswalela

open / dicht

homola / rasa

stil / luid

go huma / go diila

rijk / arm

e lokilego / e sa lokago

juist / fout

makgwakgwa / go thelela

ruw / glad

go nyama / go thaba

droevig / blij

mokopana / motelele

kort / lang

go nanya / go kitima

traag / snel

go koloba / go oma

nat / droog

borutho / go tonya

warm / koud

ntwa / khutšo

oorlog / vrede

0

nnoto

nul

1

tee

één

2

pedi

twee

3

tharo

drie

4

nne

vier

5

tlhano

vijf

6

tshela

zes

7

šupa

zeven

8

seswai

acht

9

senyane

negen

10

lesome

tien

11

lesome tee

elf

12

lesome pedi

twaalf

13

lesome tharo

dertien

14

lesome nne

veertien

15

lesome tlhano

vijftien

16

lesome tshela

zestien

17

lesome šupa

zeventien

18

lesome seswai

achtien

19

lesome senyane

negentien

20

masomepedi

twintig

100

lekgolo

honderd

1.000

sekete

duizend

1.000.000

milione

miljoen

Seisemane

Engels

Seisemane sa Amerika

Amerikaans Engels

Sechina sa Mandarin

Chinees (Mandarijn)

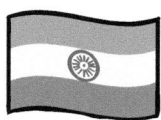

Sehindi

Hindi

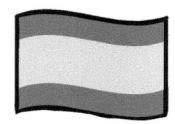

Spanish

Spaans

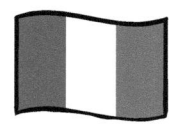

Sefora

Frans

Searabic

Arabisch

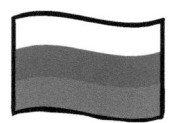

Serašia

Russisch

Sepotokisi

Portugees

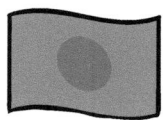

Sebengali

Bengali

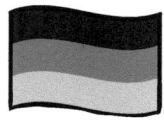

Sejeremane

Duits

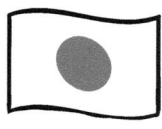

Sefapane

Japans

Nna

ik

wena

u

yena / yona

hij / zij / het

rena

wij

wena

u

bona

ze

bomang?

wie?

eng?

wat?

bjang?

hoe?

mo kae?

waar?

neng?

wanneer?

leina

naam

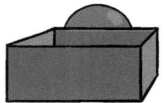

ka morago

achter

go

in

kgaufsi le

voor

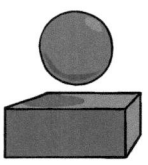

godimo ga

boven

go

op

ka tlase ga

onder

ka lehlakoreng la

naast

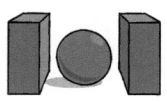

magareng ga

tussen

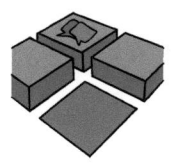

lefelo

plaats